AF257413

CHANCES

QUE LA FRANCE A COURUES

DANS LA RÉVOLUTION,

ET QU'ELLE VA COURIR DANS LA GUERRE ACTUELLE;

PRÉCÉDÉES

D'UNE LETTRE A CONDORCET

sur la Constitution de 1793:

SUIVIES

DE LA FÊTE DE L'ÉGALITÉ

ET DU TOURNOIS DE LA LIBERTÉ;

Par l'Auteur de LA FRANCE DÉCHIRÉE
PAR SES ENFANS.

———

A PARIS,

Chez les marchands de nouveautés.

1793.

CHANCES

Que la France a courues dans sa révolu-
tion, et qu'elle va courir dans la guerre
actuelle.

A CONDORCET.

VOUS êtes l'homme du monde le plus fin :
pour aller au panthéon, vous vous faites
rayer du tableau de Saint-Pétersbourg et de
Berlin ; cependant voici ce qu'on dit de vos
travaux :

Allez à son école, vous qui ne voulez
savoir ni langues mortes, ni religion : obs-
cur dans ses calculs de finance, aucun de
ses plans ne fut admis ; très-expéditif et fort
désintéressé pour faire un poids, une mesure et une balance, il ne demanda à la
constituante que trois ans et cent mille écus.
Ce travail sera excellent ; car il réunit les
deux conditions requises ; beaucoup de tems
et payé au poids de l'or ; mais voici son grand
œuvre.

La constitution de 1793 par vous présen-
tée, est pire que la constitution de 1791 ; qui
l'auroit cru, après que vous aviez dit tout
pas qu'elle étoit une merveille ? Du moins les

A 2

constituans nous faisoient asseoir pendant trente ans; mais les conventionaux veulent que nous soyons toujours comme l'oiseau sur la branche; ainsi d'un peuple souverain la loi suprême seroit une volonté sans frein, et toujours vacillante. Oh ! pour le coup, on veut de France chasser tous les gens de bien; car le moyen d'habiter un pays où, à tous les momens, on seroit exposé à la fureur des insurrections !

On prétend qu'une génération ne peut pas lier une autre génération; à ce propos je demande très-sérieusement, si l'on a perdu tout-à-fait le sens ? A les entendre, on croiroit qu'une génération toute entière disparoît pour faire place à une autre, comme l'individu que son successeur remplace : les familles peuvent compter leurs générations; mais la chose est impossible pour la masse des hommes. Depuis l'origine du monde, il n'y a eu que deux générations; la première disparut dans le déluge. Noé et sa famille sont la tige de la génération présente, qui se perpétue de manière qu'on ne peut appercevoir le point où finit une génération, et où l'autre commence. Cette allure de la race humaine durera tant qu'il y aura des hommes d'âge différent.

Quoi ! les engagemens de mon père ne seroient plus obligatoires pour moi; et ce qui protégea mon berceau, mon enfance et mon adolescence, je le méconnoîtrois dans ma jeunesse; et ce que j'ai respecté dans ma

(5)

jeunesse et dans mon âge mûr, je le foulerois
aux pieds dans ma vieillesse ? Vous ne pouvez lier, dites - vous, la génération prochaine, et vous avez pu détruire les loix
que nos pères nous avoient transmises ?
Pour qui travaillez-vous donc, je vous prie ?
Pour couvrir les maux que vous nous faites,
vous alléguez qu'une révolution ne peut s'o-
pérer sans de grands sacrifices, et il est clair
que vous sacrifiez les hommes d'à-présent,
pour qui, puisque vous convenez que les
hommes qui viendront, auront la liberté de
ne pas profiter du bien que vous avez voulu
leur faire ? Que d'absurdités naissent de principes erronés ! Novateur, je vous défie de
me citer un seul exemple dans la nature en-
tiere, qui ait pu vous suggérer l'idée qu'il
pouvoit être avantageux aux hommes de
changer leur gouvernement, lorsque, sous
leurs loix, ils alloient toujours prospérans ;
tout dépose contre vous. Lycurgue fit jurer
aux Spartiates qu'ils ne changeroient point
leurs loix jusqu'à son retour, et pour leur
bonheur, *in petto* : il s'exila d'eux pour jamais.

Et vous qui avez dit qu'une société de
chrétiens ne pourroit pas exister, dites aujourd'hui que vous en avez la preuve sous
les yeux ; que, où il y a brigandage, il
ne peut y avoir de société ; la vérité vous
force impérieusement de faire cet aveu.
L'ordre, la paix, la prospérité sont le pro-
duit de la constance dans la voie de la jus-

tice, de la bonne-foi et de l'humanité; mais
la manie des changemens est une source d'immoralités, de désordre et de dépenses, qui
détruit à la fois morale, revenus et capitaux.

J'ai connu un cultivateur, fameux théo-
ricien, qui alloit toujours changeant son jar-
din; ainsi fut tant procédé, qu'au bout de
vingt-cinq ans il devoit la valeur de son do-
maine, et n'avoit pas encore un arbre qui
lui donnât de l'ombre.

Ami des nouveautés, je vous donne ce
petit os à ronger.

Targinette pétrie pendant deux ans et
demi, est morte dans une agonie de dix
mois. Condorcinette a paru au bout de cinq
mois; dans ce rapport elle rendra son dernier soupir, le cinquantième jour après son
adoption.

Aux nations et à ceux qui les gouvernent,
sous telle dénomination que ce soit.

Hors du tourbillon, gissant sur une haute
montagne, je suis la sentinelle impartiale
de mes contemporains, pour les avertir des
malheurs qui les menacent.

Je vois venir sur les ailes des vents tous
les fléaux fondre sur ce globe : Eole a mis
ses enfans en liberté, et courant de tous les
points de l'horison au centre, ils renversent
tout ce qu'ils rencontrent sur leur chemin,
et se battant les uns contre les autres, ils
multiplient les orages et les tempêtes, les

bourasques et les ouragans, et menacent
cette terre d'une entière subversion.

Français, et vous hommes qui avez mis
dans vos mains les rênes de cet empire, écou-
tez, mais n'attendez pas de moi des relations
de combats, de sièges et de bataille, ni que
je raconte les débats dans lesquels vous pas-
sez vos journées ; je ne veux vous présenter
que des calculs ; puissent-ils calmer la fièvre
ardente qui vous dévore !

Quand tout un peuple se lève à la fois,
que fait-il ? Il quitte ses travaux utiles et
commence sa ruine. Cette action est en grand,
ce qu'est en petit l'action de quelques ou-
vriers qui abandonnent leurs atteliers pour se
livrer à l'oisiveté et à la débauche. La perte
du tems et les dépenses extraordinaires qui
en résultent, sont inappréciables pour les
fortunes particulières et pour la fortune publique ; et la progression de cette perte est
en rapport avec la durée de la cause du mal.
Telle est la chance que vous courez depuis
quatre ans : toutes les ressources de vos richesses sont taries, et tout va s'engloutir dans le
gouffre de la guerre qui appelle la stérilité,
la famine et la peste. Vous avez ajouté à
cette première faute, celle de déclarer la
guerre à trois puissances. Toutes les proba-
bilités étoient contre vous ; cependant vos armées ont hiverné en Savoye, dans le comté
de Nice, dans la Belgique, à Brukelles, à
Liège et à Mayence. La confusion et le désordre ont été tels pendant la campagne de

1792., que les généraux, les commissaires, le pouvoir exécutif et la convention ne savent pas précisément le nombre des hommes qui ont pris part à cette expédition, combien il en est péri, et la somme des dépenses.

Il est notoire que la dépense excède douze cents millions, et cependant vos soldats ont manqué de vêtemens, de chaussures et de subsistances ; les uns estiment la perte à trois cents mille hommes, les autres à deux cents mille, et les plus modérés à cent mille ; telle est la chance que vous avez courue en 1792.

Vos succès ont alarmé l'Europe, elle s'est ébranlée, et suivant le langage des Anglois, il est instant d'arrêter vos progrès ; en con-séquence, le Piémont, l'Italie, le Portugal, l'Espagne, l'Angleterre, la Hollande, l'Al-lemagne, la Prusse, l'Autriche et la Russie font des préparatifs menaçans. Sept de ces puissances viennent après la bataille comme des troupes fraîches, pour changer peut-être votre victoire en défaite ; toutes les proba-bilités sont encore contre vous, car dans la masse de l'Europe, vous êtes en population un contre cinq.

Pour faire face à tant d'ennemis, vous avez décrété une armée de terre de plus de cinq cents mille hommes, et une force na-vale indéterminée, mais capable, s'il est pos-sible, de lutter contre toutes les puissances ma-ritimes.

Je vois pour vous 1º. l'enthousiasme qui

vous a si bien servi en 1792 ; il décuple les forces : il est dommage que cette disposition morale sur le physique produise le même effet que certaines maladies de contraction qui donnent aux malades une force plus qu'humaine ; mais les forces surnaturelles conduisent rapidement à la foiblesse et à la mort.

2°. L'insurrection des peuples sur laquelle vous comptez : si la France jouissoit en effet d'un état prospere, ce désir auroit pu se réaliser ; mais nos malheurs sont un antidote qui les préservera de notre maladie.

3°. Semer la sisanie parmi les alliés, est une ruse de tous les tems et de tous les pays ; mais l'intérêt qui les a réunis, est si grand, qu'ils resteront vraisemblablement fideles au moins pendant cette campagne.

4°. Ce qui me paroît le plus en votre faveur, est la force d'unité contre des forces qui, n'ayant pas l'habitude de se trouver ensemble, sont par cette raison presque toujours incohérentes ; mais vous perdrez ce grand avantage, si vous ne mettez fin à vos dissentions intestines et aux partis opposés qui déchirent cet empire.

Quand on rassemble de nombreuses armées, on fait de grands approvisionnemens pour les faire subsister. Ces achats extraordinaires, comme des consommations anticipées, font un vuide dans la masse des denrées, d'où la cherté ; la cherté donne des inquiétudes au peuple, et le peuple inquiet sur sa nourriture, se porte à des excès qui augmentent le mal.

Les magasins suivent les armées, chaque pas qu'elles font, nécessite les transports, et dans les transports il y a déchet; les déchets donnent lieu à de nouveaux achats, et la cherté finit par être excessive. Si les armées passent en pays étrangers, et qu'elles y trouvent des subsistances, il y a économie pour les magasins; mais malheureusement les denrées accumulées se gâtent, et la nourriture viciée cause des maladies qui tuent plus de soldats qu'il n'en périt dans les combats, les sièges et les batailles.

Telle est la chance que vous allez courir en 1793. Une idée vient épouvanter mon imagination; en guerre avec tous vos voisins, il faudra trouver chez vous toutes les ressources dont vous avez besoin, et déjà le prix du pain est en France au-dessus des moyens du peuple.

François, vous vous affichez pour les plus insensés et les plus ignorans des hommes sur votre chose publique. Je ne sais qui vous a mis dans la bouche que vous êtes vingt-cinq millions d'hommes, et vous allez toujours disant : nous sommes vingt-cinq millions d'hommes, et vingt-cinq millions d'hommes vaincront tous les tyrans et leurs satellites. Avant la révolution vous étiez vingt-cinq millions d'habitans; mais l'émigration et les journées de sang ont diminué ce nombre; soit cependant vingt-cinq millions : les femmes sont plus nombreuses que les hommes ; c'est donc au plus douze millions d'hommes et de garçons de tout âge ; les enfans et les vieillards en prennent la moitié, restent six millions pour tous les travaux indispensables à la fourniture de tous les besoins de la grande famille. D'après des calculs qu'on croit très-approchans de la vérité, il n'y a qu'un million d'hommes disponibles pour la guerre ; deux cents mille en activité étoient la force armée, calculée sur la puissance de cet empire, et relative à la force de nos voisins. Si vous mettez six cents mille hommes sur pied, et que la guerre soit meurtrière, il est probable qu'à la quatrième campagne vous n'aurez plus d'armées : n'oubliez pas que pour vous faire face, vos ennemis ont cinq contre un, et qu'à force égale, ils ont quatre en réserve, lorsque vous n'avez rien.

Par-tout il y a ordinairement un excédent de naissance sur les morts ; cet excédent s'accumule pour disparoître dans les grandes mortalités et dans les guerres. En France, cet excédent est, année commune, de cent vingt mille, dont soixante-quatre mille garçons ; si la révolution et la campagne de 1792 en ont fait perdre deux cens cinquante-six mille, vous avez absorbé quatre ans de fécondité ; et c'est en population, ce que sont en finances les anticipations.

La mort naturelle attaque indistinctement tous les âges ; mais elle frappe plus l'enfance et la vieillesse que les autres classes. Si mille garçons de dix-huit ans meurent, la classe de dix-sept les remplace et ainsi des autres ; mais dans la guerre, la chance n'est pas la même ; la marche de l'espèce humaine du berceau au tombeau, est telle que les vieillards sont à l'avant-garde, les hommes faits et la jeunesse au corps de bataille, et les enfans à l'arrière-garde. Lorsque la faulx de la guerre vient moissonner le centre, le berceau est moins fecond ; les vieillards , les femmes et les enfans , épouvantés de voir se fondre et disparoître leurs soutiens , sont saisis de peur, et la peur tue les vieillards, les femmes et les enfans. Telle est la chance que la population court dans les guerres.

Vous ne parlez plus que par milliards ; mais les milliards, dans vos mains, se fondent aujourd'hui plus vîte , que cent millions ne se fondoient autrefois dans les mains des ministres.

Vous comptez sur des trésors inépuisables et vous additionnez aux biens nationaux , aux biens des émigrés, les richesses que doivent vous procurer vos conquêtes ; cela ressemble un peu à la peau de l'ours qui est encore dans sa tannière.

Vous avez divulgué votre secret et vous avez conseillé à tous les ecclésiastiques du monde catholique et à toute la noblesse de l'Europe, de fournir abondamment de l'argent à toutes les puissances liguées contre vous , comme le seul moyen de conserver leurs propriétés , et l'exemple que vous donnez, de

faire la guerre avec les biens de l'église, tour-
nera contre vous.

Ce qui m'a le plus frappé, c'est que, avec
deux milliards d'assignats vous pouviez faire
un service de quinze cent millions, et avec
trois milliards il ne vous restera que la même
ressource ; vous avez donc augmenté votre
dette de cinquante pour cent en pure perte ;
et si vous allez à quatre milliards d'assignats,
il est probable qu'ils suffiront à peine pour
le service d'un milliard. Cette progression
de dépenses, continuée pendant dix ans, s'il
étoit possible, absorberoit le capital du ter-
ritoire de la France. Vous ne brûlez pas
votre chandelle par les deux bouts, vous
l'avez divisée en quatre, et les huit bouts brû-
lent à la fois.

Avant la révolution, les loyers de Paris
rendoient soixante-dix millions, ils sont tom-
bés à quarante millions ; si cette diminution
étoit étendue à toutes les parties de l'empire, la misère jointe aux excessives dépenses
et à la perte des hommes, inévitable quand
on a de nombreuses armées, partageroit la
chandelle en huit, et les seize bouts, brûle-
roient à la fois.

Cette chance est épouvantable et ne laisse
aucun repos aux amis de la patrie. Douze
cens mille hommes vont se choquer ; je vois
la terre et les eaux ensanglantées, des mon-
ceaux de cadavres mutilés, des morts, des
mourans, des blessés ; le fer, le feu et la
famine, couvrir l'Europe d'incendies, de

meurtres et de désolations et la nature en deuil. Que de victimes vont périr ! pour qui ? Je me dispense de le dire. Pourquoi ? Pour un fol entêtement.

François, pensez-y bien avant de vous coucher ; car il viendra un lendemain où vous ne saurez de quel bois faire flèche. Pour éviter le malheur qui vous menace, de vous voir à la merci de vos ennemis, il vous reste un moyen. Arrêtez vos désolations au point où elles sont arrivées ; ayez le courage héroïque de revenir sur vos pas, reconnoissez loyalement vos erreurs. L'Europe voit évidemment les grands maux que vous pouvez encore faire, si vous persistiez à vouloir vaincre ou périr ; et un retour sincère de votre part désarmeroit toutes les puissances ; on jetteroit un voile épais sur le passé, et sur vous qui croyez qu'il n'y a plus de capitulation à espérer : en vous dévouant pour le salut du peuple, cet acte magnanime sauveroit vos têtes ; mais en persévérant, vous assurez la ruine de votre patrie, et l'exécration des siecles sera à jamais votre partage. Pensez-y bien.

LA FÊTE
DE L'ÉGALITÉ,
SUIVI DU TOURNOIS
DE LA LIBERTÉ;

Dans lequel le drapeau tricolore a vaincu le drapeau blanc, ainsi qu'on le verra dans la Fée souveraine de la terre, initiant son favori dans le mystère des révolutions.

AUX FRANÇOIS.

L'OPINION est la maîtresse des cérémonies de ce monde.

La pompe funèbre de M. Saint-Fargeau est une imitation de celle qu'Auguste fit à César. L'apothéose de César affermit le trône impérial, et l'apothéose M. Saint-Fargeau est une pierre fondamentale du temple de la liberté.

Quel tems est le nôtre ! on outrage et l'on croit venger. Pendant que Louis, tout occupé de son dernier moment, prioit pour ses juges sévères, afin de se présenter à l'Eternel avec un cœur contrit et sans fiel, un lâche assassin plongeoit un fer homicide dans le flanc de Saint-Fargeau, parce qu'il avoit voté la mort de Bourbon. Ce monstre féroce ne voyoit pas que par cette action atroce, il faisoit perdre aux ames sensibles la seule espérance qui leur restoit : *la compassion du peuple.*

Il étoit dans les choses possibles que ce bon peuple, attendri sur le sort déplorable d'un prince malheureux, lui fît grace de la vie ; mais assassiner sous les yeux de la nation un de ses représentans chéris, c'étoit provoquer sa fureur, et consommer le supplice de Louis. Cet homme exécrable, que l'enfer a vomi, n'étoit donc pas son vengeur, mais son plus cruel ennemi.

Pour nous qui chérissons notre patrie, et qui ne voudrions à aucun prix l'ensanglanter, pleurons, pleurons sur des évènemens frappés au coin le plus sinistre ; appellons à notre aide courage, patience et résignation, pour souffrir en gens de bien les chocs des malheurs qui nous menacent encore ; nourrissons notre profonde tristesse de douloureux souvenirs.

Paroles

Paroles de Louis.	*Paroles de St. Fargeau.*
Puisse mon sang qui va couler, donner la paix à la France.	Je suis satisfait de mourir pour la république, la liberté et l'égalité.

Ils sont tous les deux chez les morts.

Le corps tronqué de Louis traîné dans un tombereau, jetté dans une fosse profonde, la chaux et le vitriol l'ont subitement consumé ; et Pelletier, porté au Panthéon sur un lit triomphal, a reçu la couronne civique et l'immortalité.

Un grand procès, le plus célèbre qui fût jamais, est pendant au tribunal d'une guerre générale ; quelle en sera l'issue ? Le sort des empires est dans la main de celui qui les abaisse et les élève à son gré ; mais la chose inévitable est que l'arrêt définitif sera horriblement ensanglanté.

Ceux qui survivront à ces tems d'horreurs et de calamités, auront tant de dégâts à réparer, qu'ils ne songeront guères à vanter une révolution qui aura fait perdre à l'Europe la fraîcheur de la jeunesse, la force et le génie de l'âge mûr, et le conseil de la vieillesse.

L'apparution des grands génies précède le retour de la barbarie ; il semble que la vérité, fortement exprimée, soit pour certains esprits une liqueur enivrante, et que cette ivresse métamorphose la vérité en erreurs.

Quand on rejette la religion, la morale

B

n'est plus, et il n'y a point d'amour ; la haine, source des immoralités, est dans les cœurs ; tous les liens sont rompus ; et alors il y a brigandage et non gouvernement. François, considérez si ce n'est pas là votre existence actuelle ; si l'exemple funeste que vous donnez à tous les peuples, se propagéoit, la barbarie reviendroit sur l'Europe, comme certaines comètes reviennent après des siècles, montrer aux hommes épouvantés leur menaçante chevelure.

Pauvres humains, si cette leçon ne vous ramène pas au bon sens, je vous le dis, vous êtes atteints d'une folie incurable.

LA FÉE

SOUVERAINE DE LA TERRE,

*Initiant son favori dans le mystère
des révolutions.*

Du sommet du Parnasse les mortels tombent dans le puits de la barbarie ; ils remontent à pas de tortues et tombent encore, allant de la discipline à l'anarchie, et retournant de la confusion à l'ordre ; la race humaine remplit les siècles de révolutions, et tout ceci est un mystère.

Un ambitieux conçut pour moi une passion violente ; aimable, courtisan adroit, mais franc et loyal, je l'admis à ma cour, et bientôt dans mon intimité ; ardent à me plaire, il prévenoit mes desirs en les devinant ; excellent homme de guerre, je le fis mon généralissime.

Un jour qu'il me contoit ses hauts faits, je lui dis : garderiez-vous bien mon secret si je vous en faisois le dépositaire ? Il rougit ! Je lui rappellois la foiblesse de Turenne ; donnez-moi la main, sa main veut presser la mienne ; il n'ose. Suivez-moi, je veux vous initier dans mes mystères. Je vis dans ses yeux le plaisir qui entroit dans son ame ! nous allons dans la galerie des siècles, les portes d'airain l'ouvrent. Mettez ces lunettes, l'éclat des portes de l'orient blesse-roit vos yeux. — Quel enchantement ! Le tapis se lève et va cacher les portes de dia-mans. Les portes du midi sont d'or et d'ar-gent, et les portes du nord de fer et d'acier. La toile du ciel se ploye et les rideaux de gaze se tirent, et je ne voix personne ! — Mes serviteurs sont invisibles, avancez : vous voyez sur le parquet trois mappemondes, elles ne sont pas l'ouvrage des hommes, c'est un présent qui me fut fait par les génies qui veillent sur ce globe. La première vous pré-sente le visage de la terre avant le déluge, la mer dans son bassin, et un continent unique qu'une fontaine jaillissante arrose dans toutes ses parties. Vous voyez à l'orient le père et la mère du genre humain, suivez la progression de leur fécondité ; voyez Noé qui construit l'arche qui doit le sauver.

Passons à la seconde mappemonde : c'est le visage de la jeunesse de la terre, gâté par la petite vérole ; les eaux du déluge mirent en action le feu terrestre, et le jeu des volcans éleva les montagnes, les coteaux et les monticules d'où les abîmes, les préci-pices, les vallons et les collines ; désormais les nuages porteront sur la cime des forêts et sur le sommet des montagnes, la neige et les pluies pour faire jaillir les sources et les

fontaines qui forment les ruisseaux, les ri-
vières et les fleuves. Cette circulation établit
la contiguité des eaux, et opère le niveau de
la mer; la chûte et l'entraînement des terres
amèneront d'autres révolutions.

Noé et sa famille, les animaux qu'il avoit
fait entrer dans son vaisseau, sont le résidu
de la première génération; la multiplication
des hommes sera désormais dans le rapport
de 8 à 2; et celle des animaux, de 2 à 1; suivez cette progression. Vous voyez la tour
de Babel; elle fut la cause occasionnelle de
la confusion des langues. A cette époque la
famille humaine prit son essor et se dispersa
sur la surface de la terre, qui ne formoit encore qu'un continent,

La troisième mappemonde vous présente
l'âge mûr de la terre; la multiplication
des hommes nécessitoit de multiplier les
communications; alors la mer rompit les
bords de son bassin en divers endroits; et
en séparant les continents, elle entra dans
l'intérieur des terres et sépara les isles des
continens; et c'est ainsi qu'elle étendit ses
rivages, et prépara au navigateur intrépide
des hôtelleries, où il trouve relâche et ra-
fraîchissement. Les mers intérieures abrègent
le cours des fleuves, diminuent leur chûte
et les rendent eux-mêmes navigables.

Observez les personnages dispersés dans
toutes les régions; ils vous présentent la
chevelure, la couleur, la forme et le costume
des différentes branches de la famille hu-

maine ; ils tiennent à leurs mains l'alphabet de leurs langues.

Observez les animaux particuliers aux divers climats, et sur l'océan, les monstres et les poissons les plus rares et les plus curieux dans ces différens parages. Reculez deux pas, suivez les plombs qui descendent du ciel qui est sur votre tête, ils vont se poser sur les points du globe qui répondent aux étoiles où les fils sont attachés : ces plombs ont la figure et le nom de l'étoile à qui ils appartiennent. Voyez la première boussole des navigateurs, la claire de la petite ourse, l'étoile polaire qui rase le pôle arctique.—Les mappemondes et le ciel ont disparu. — Nous n'en avons plus besoin.

La terre n'est pas immortelle, et comme les humains elle marche sans s'arrêter à la vieillesse. La quatrième mappemonde montrera dans le tems le visage ridé de la terre.

Ces cartes sont les tableaux des siècles ; je vous invite à les parcourir. Ce livre sera votre itinéraire.—Madame, il est en blanc. — Il attend en quelle langue vous voudrez le lire ; je sais que vous connoissez les langues de l'Europe. — En françois, c'est le style de Fénelon.—Je vous laisse, je serai visible dans deux heures, je vous attends dans mon cabinet, soyez docile et pas trop curieux.

Je suis né sous une étoile bienheureuse ; favori de ma souveraine, j'ai une tâche difficile à remplir.

L'imprudent a voulu lever le coin du voile ,

il y est immobile; le pendule lui rappellera le rendez-vous et levera le charme. La curiosité fut donnée à l'homme pour le mettre sur la voie de chercher; mais il l'a désordonnée comme sa volonté. Je n'en ai pas encore trouvé un seul assez attentif pour ne jamais s'oublier; s'il vouloit me cacher cette aventure, que ferois-je? Indigne de ma confiance, je le bannirois de ma cour.... Mon cœur agité parle pour lui, c'est peut-être un malheur de l'avoir connu.

Mes fidèles, quelle nouvelle apportez-vous? Le mal va toujours croissant en France, votre bien-aimé est dans les fers. Ses ennemis déchaînés, rugissant de rage, contre toutes les loix veulent le juger. Le courage de Louis est grand, ses yeux sont fixés sur l'éternité. Le bandeau fatal s'épaissit sur les yeux des François; la fidélité des peuples voisins a été ébranlée; mais des massacres inouis les ont éclairés; les rois abattus reviennent de leur étonnement; la sagesse préside à leurs conseils, et les préparatifs d'une guerre terrible se font avec activité. L'Europe est menacée au printems d'être grandement ensanglantée; des machines infernales sillonneront les mers et porteront la désolation et la mort sur tous les rivages. Catherine consolide son opération sur la Pologne, et ses soldats se baigneront dans le Rhin. Typoo-Saïde, instruit des malheurs de Louis, se console des siens. Il y a quelque mouvement en Amérique, et l'Afrique n'est pas tranquille. Votre rivale se fatigue en tournant sa longue lunette vers tous les points de l'horison, pour découvrir votre retraite, elle est désolée, elle ne voit que des objets fantastiques, que nous avons dispersés dans tout l'espace ; elle fait maintenant la description d'une infinité de soleils, et bientôt elle en épouvantera les mortels. — Retournez à vos postes, je vous ferai le signal ordinaire si je change de demeure. J'entends mon curieux ; vous avez bien des choses à me dire ? — Ah ! madame, je suis bien coupable, me pardonnerez-vous ? — Le repentir efface tout, allons réparer le tems perdu.

Ces cartes vous présentent le tableau des siècles ; vous avez parcouru le globe en géographe et en historien, vous allez le voir en politique ; c'est le monde moral dans le monde physique. La réunion des familles en grandes sociétés donne lieu à ce qu'on appelle gouvernement, et la pluralité de ces grandes sociétés nécessite le code du droit des gens.

Vous ne voyez que des numéros, des noms et des nombres, un berceau et un tombeau. C'est tout ce qu'il étoit possible de présenter en politique par les yeux à l'entendement humain.

Dans l'angle supérieur à gauche est la récapitulation des naissances, des mariages et des morts, la masse de la population des animaux domestiques, de la fortune numérique et de la force armée du siècle dans tout le globe.

(25)

Vous voyez sortir du berceau les naissances, et les morts tomber dans le tombeau.

Les cases de ce damier vous présentent les
états civilisés, leurs berceaux et leurs tom-
beaux particuliers, leur population, en un
mot, leur chose publique. En comparant les
siècles, vous verrez les variations de ce damier. Quant aux peuples non civilisés, qui
errent à l'avanture, je les gouverne par des
ressorts secrets. Le quarantième siècle est
celui qui présente de grandes révolutions; à
cette époque la vraie lumière vint éclairer ce
monde, et les Romains étendirent leur domination sur l'Europe, l'Afrique et l'Asie. Au
quarante-cinquième siècle cet empire avoit
disparu. Le cinquante-cinquième siècle est
le moment de la boussole de la grande navigation et de l'imprimerie. Le cinquante-hui-
tième siècle, dont le tableau n'est pas encore
fait, fécond en révolutions, vous montrera
dans le tems la situation présente de la terre.

Je vais à ma toilette, on va venir pour la
fête de ce soir, ne vous faites pas attendre.

Quelle éclipse de raison ! L'égalité ! Lorsque tout dépose contre elle, c'est une manie
inconcevable. Fatigués de la monotonie dont
je vais les accabler, les hommes reviendront
de cette étrange erreur : allons prendre place :
je vous préviens que nous ne serons vus ni
entendus de personne. —

Vous avez rassemblé toutes les nations.
Ce spectacle présente tous les contrastes, la
musique est un vrai *charivari.* — Il n'y a

que vous qui voyiez et entendiez ainsi ; tous
ces acteurs, tous ces danseurs et danseuses
ont à leurs yeux même visage, même vête-
ment, même tournure, même langage, et
cette musique si variée ne joue qu'un seul
air si monotone, qu'ils peuvent à peine se
donner du mouvement. Je vous assure qu'ils
seront bien las ; je jouis de leur embarras.

Il y a dans ces groupes des amans et des
maîtresses ; ils se cherchent et ne se trouvent
pas ; les méprises du jour feront l'histoire
de la semaine ; soyez attentif, la scène va
changer.

Nover, fameux compositeur de ballets, a
donné le dessin de cette danse ; il est au
centre ; Vestris et Gardel sont aux extrémi-
tés ; mille cabinets de verdure, ornés de
guirlandes et de fleurs, s'élèvent autour de
la salle ; six couverts à chaque table vont
être occupés par les députés des mille dé-
partemens de la terre ; division par l'orateur
du genre humain. Un théâtre se lève ; les
jongleurs vont jouer l'égalité ; les mets ne
flattent pas le palais des convives ; ils
trouvent le même goût à tous ; la monotonie
va les endormir ; ils sont maintenant dans un
sommeil somnambule, ils se lèvent et vont
passer en revue devant nous deux à deux ; ils
se mêlent pour présenter le tableau le plus pi-
quant. Celui qui est en vedette, va me parler.
— Souveraine de la terre, recevez les actions
de grace de vos sujets, la maladie de l'égalité avoit atteint nos ames, la monotonie

nous a guéris ; proclamez que le mot *égalité*
est synonyme du mot *erreur*. — Mes sujets,
je vous invite au tournois de la liberté ; le
drapeau aux quatre couleurs sera arboré pour
vous annoncer cette fête ; préparez vos
cottes d'armes, vos lances et vos coursiers ;
je lève le charme, je me retire ; délassez-
vous maintenant jusqu'à l'aurore au son de
mes instrumens ; demain, au lever du soleil
je me baignerai ; je serai visible trois heures
après, et nous retournerons dans la galerie
des siècles.

Il est exact. Votre teint est fleuri ; la fête
ne vous a pas fatigué, — elle m'a enchan-
té ; vous m'avez défendu de vous parler de
vos appas ; — recevez cet anneau ; portez-le
toujours ; avec lui vous pénétrerez dans les
galeries collatérales du nord et du midi. Dans
la première, vous verrez les phénomènes de
l'aiman ; et dans la seconde, l'atélier de la
nature pour les pierres et les métaux pré-
cieux ; n'approchez point des portes de l'o-
rient, il faut passer le fleuve de l'oubli pour
aller dans cette galerie : dans les autres tout
est symbolique. Retournons aux mappemondes.

Où les jours et les nuits sont égaux, on
est presque nud dans des feuillers, sur des
hamaques ; où les quatre saisons ont lieu, on
est habillé ; et l'on habite dans des maisons
de terre, de bois et de pierres ; et où une nuit
de six mois succède à un jour de six mois,
on est couvert de fourures et on loge sous
terre.

Aux pôles, on boit de l'huile ; sous la ligne, on a les fruits fondans et acides des tropiques, et dans les zônes tempérées, la vigne croît. A mesure qu'on s'éloigne de la perpendiculaire, et que les ombres s'allongent, les besoins augmentent et les agrémens de la vie diminuent.

Appliquons à la mappemonde le tableau du cinquante-cinquième siècle, je me permettrai quelques digressions.

La Méditerranée, en allant au-devant des eaux de la Mer-Noire, a séparé l'Asie de l'Europe. Constantin, charmé du séjour de Bizance, y fixa le siège de son empire, et lui donna le nom de Constantinople. Cet empereur, ne savoit pas qu'il préparoit le logement aux descendans de Mahomet.

Pierre le Grand quitte Moskou pour aller fonder Saint-Pétersbourg au fond de la mer Baltique.

Les Grecs n'osèrent franchir les colonnes d'Hercule posées sur l'Europe et sur l'Afrique ; mais Christophe Colomb, certain que l'eau est contenue, traverse la mer qui est devant lui, pour aller découvrir la terre opposée à celle dont il est parti. Le succès couronna son entreprise, et sa hardiesse a couvert toutes les terres abordables d'établissemens Européens.

Voyez Hudson dans la baie de son nom ; il brave les brumes et les frimats de cette âpre région.

Voyez les François remonter le fleuve

Saint-Laurent ; ils vont bâtir Quebec pour les Anglois.

Voyez les Européens émigrer dans l'Amérique, et présenter au soleil une nouvelle terre à fertiliser.

Voyez les Jésuites voguer sur la Plata ; ils vont gouverner et instruire les hommes du Paraguai.

Suivez Magellan dans son détroit, longeant les terres des Patagons.

Voyez Horn, entre l'Amérique et la terre de Feu ; il double le cap de son nom, pour passer de nos mers dans la vaste mer du Sud.

Voyez Bougainville dans l'isle de Thayti. Plus au nord Cook passe le détroit qui sépare l'Asie de l'Amérique, pour courir dans la mer glaciale. A son retour il sera tué dans l'isle des Amis.

Voyez ce vaisseau qui double le cap de Bonne-Espérauce ; il détruit le port d'Alexandrie ; il va découvrir le détroit de la Sonde, fonder Batavia, et mettre les Hollandois en possession des épiceries, source de richesses plus abondantes que les mines du Potosi : la on verra la ville des blancs et des noirs, et le grand entrepôt du commerce de la Chine et du Japon avec l'Europe.

Voyez l'Amiral Anson, à son retour de la Chine, où il avoit fait respecter son pavillon, prendre le gallion Espagnol ; il va porter en triomphe ce trésor à la banque de sa patrie ; il débarque ; on charge cet or et cet argent sur des charriots, et une musique brillante l'accompagne à Londres.

La grande navigation est la mère des révolutions continentales. Il est dans la nature que les enfans détruisent les mères et les Européens transplantés loin de leur patrie, lui feront perdre un jour la domination qu'elle étend maintenant sur tout le globe. Le premier pas est fait ; c'est le divorce que la France a prononcé entre l'Amérique et l'Angleterre. Les livres que vous voyez derrière ces glaces, composent la bibliothèque des siècles, et chacun a la sienne.

Vous ne me verrez point de deux jours, je vais *incognito* voir ce qui se passe à Paris. A mon retour je donnerai le tournois de la liberté. — Plânons sur cette capitale inondée de crimes ; la misère la couvre de son ombre meurtrière ; c'est une reine sans diadême, dépouillée de son manteau royal et de sa belle parure, vêtue de noirs lambeaux, les cheveux en désordre, pâle et défigurée ; je ne la reconnois pas ; le peuple a tari toutes les sources de sa fortune ; il vit de rapines et s'abreuve de sang ; il a détruit les chef-d'œuvres des beaux-arts ; c'est un crime de lèze-genre humain.

Les tigres du 10 août ont assailli la demeure du souverain, et vingt contre un, sans pitié, ils ont égorgé la garde intrépide, et les bons serviteurs du roi, que le beffroi de la nuit précédente avoit fait accourir autour de lui. On n'avoit sonné ce béfroi que pour les prendre tous dans le même filet. Des monstres plus féroces encore ont amoncelé les jours suivans dans divers asyles, des François restés fidèles à leur Dieu et à leur roi, pour les immoler à leur rage : j'entends le canon d'alarme, le tocsin, et on bat la générale. Les juges bourreaux se mettent en marche, le massacre commence. . . . Fuyons une ville qu'une horde d'assassins a juré de détruire. Paris, tu seras comme Babylone, on te cherchera et on ne te verra plus.

. . Je suis de retour, la tristesse s'est emparée de mon ame, Louis XVI est entre les mains des méchans, et toute la nation, spectatrice stupide d'un grand crime, en devient la complice. Monsieur, j'avois grand besoin de vous voir, qu'avez-vous fait en mon absence ? — Madame, je vous ai cherchée où j'avois l'habitude de vous voir ; tout occupé de ma souveraine, je n'ai pensé qu'à vous. — Allons prendre l'air sur la terrasse de ma tour, les chevaliers de votre ordre sont intrépides, et la peur est loin de vous ; cependant vous allez être mis à une épreuve que les plus braves redoutent ; montez dans cette nacelle, asseyez-vous à côté de moi, et donnons-nous la main pendant notre voyage aërien ; nous montons. — Madame, vous m'avez parlé d'une tour et je ne la vois point ; — elle se confond avec l'air qui l'enveloppe ; nous passons la balustrade ; nous descendons ; cette plate-forme vous présente toutes les nuances du verd ; c'est la collection

complette de cette belle production de la nature ; sa vue fortifiera vos yeux ; mettez
votre œil à ces télescopes, vous verrez les
objets qui bornent votre horison aux quatre
points cardinaux du globe.

La ligne qui coupe le parquet, est le vrai
méridien de la terre ; les dégrés de l'obli-
quité du soleil, d'un solstice à l'autre, y
sont exactement tracés.

Vous êtes à quatre mille toises du niveau
de la mer ; c'est la surface de votre élément ;
si vous passiez cette ligne, vous mourriez
comme les poissons hors de l'eau.

Le zénith de la terre répond à l'orifice cen-
tral de cette terrasse ; promenez vos regards
sur tout ce qui vous environne ; vous avez
l'œil au verre d'un magnifique optique ; con-
centrez toutes vos pensées ; ce n'est pas le
moment de parler.

Rentrons dans la nacelle et descendons
dans les entrailles de la terre ; nous allons
voir les fondations de cette tour ; elle est assise
sur un roc de diamans : vous êtes à huit
mille toises de la terrasse d'où vous venez.
Mettez l'œil à la plus longue lunette du
monde ; elle est composée de sept verres ; le
dernier est à l'orifice du zénith de la terre ;
elle grossit les objets de manière qu'on les
voit à peu près comme ils sont dans le plus
grand éloignement possible ; c'est de-là que
je fais mes observations astronomiques, et
que je vois les révolutions célestes.

Je vous ai parlé du feu terrestre ; mais je
ne

ne vous ai pas dit où étoit son foyer ; nous sommes sur la route, mais nous ne pouvons y aller.

Vous avez remarqué que le pépin est au milieu de la pomme quand elle est mûre ; elle se décompose ; la fermentation vient et met le germe en action ; il se développe, et le résultat est un nouveau pommier ; de même le feu terrestre est au centre du globe contenu dans un noyau analogue à sa nature ; et lorsque les tems seront venus, il s'ouvrira, la terre sera brûlée, et de cette explosion naîtra une terre nouvelle, purifiée des vices et des crimes de l'ancienne.

Le mystère des révolutions est celui de l'existence du mal ; chaque révolution est un pas fait dans la carrière au bout de laquelle on verra la terre incendiée. L'orgueil est le principe du mal, et le mal fut la cause de la création de l'univers sensible, qui n'est autre chose que le creuset épuratoire où tout ce qui a été corrompu, doit se purifier.

Retournons au séjour de la lumière par la chambre du milieu, vous y verrez le vrai système planétaire.

Considérez cette voûte étoilée, et plus bas les planètes dans la situation où elles étoient lorsque l'éternel donna la vie à l'univers ; leur mouvement est si régulier que l'homme a pu calculer leur marche, le tems de leurs révolutions, et marquer leur retour.

Il est aussi facile, avec ce calcul, de rétrograder dans le passé que d'avancer dans

C

l'avenir. D'après cette observation, que faut-
il penser de ces tables astronomiques trou-
vées, dit-on, à la Chine, qui vieillissent si
fort notre monde, et que les philosophes op-
ppsent avec audace à la véracité de l'historien sacré ? Que quelque astronome patient
s'est amusé à les composer, et que l'incré-
dulité les emploie comme une arme offen-
sive.

    Gardez-vous de l'erreur des esprits forts,
ils ne veulent croire qu'à ce qu'ils conçoivent ;
les imbéciles ! Ce qui est le plus près de vous
est sans contredit vous-même ; si je vous de-
mandois la raison de votre existence, vous
seriez obligés de convenir que cela est au-dessus de votre conception ; cependant il est vrai
que vous existez.

    — Je vous ai vu bien engoué de cette philo-
sophie ; elle m'avoit égaré ; mais depuis
long-tems, madame, je l'ai abjurée comme
une folle orgueilleuse qui ne fait que des
libertins.

    — Concluons que lorsque les hommes qui
se croient éclairés, ils battent la campagne
comme les pauvres fous courent les champs.
Je vrais prendre du repos. A demain le tournois de la liberté.

    L'astre du jour paroît, la nature s'éveille,
les oiseaux, les petits oiseaux ravis de leur
existence, entonnent l'hymne joyeux de la
douce reconnoissance ; la trompette sonne
le boute-selle. Mon ami va venir. — Madame,

tout est disposé , je reviens du cirque ; c'est la plus belle chose qu'on vit jamais.

Sa clôture d'épines fleuries parfume les airs, ce fond fera resortir le tableau ; de beaux tilleuls , dont la hauteur est incroyable , forme une voûte de feuillages qui ombragent la scène et donnent le jour le plus favorable ; c'est une superbe rotonde.

Des arcs de triomphe ouvrent et décorent cette enceinte ; votre trone est placé sur l'arc de l'orient où flotte le drapeau de l'Asie , sa couleur est aurore ; l'éléphant, son emblème avec cette inscription : Je suis fort , mais pacifique.

Au nord flotte le drapeau blanc , c'est celui de l'Europe ; on y voit un vaisseau de guerre avec ces deux vers d'Azor :

> Sur la terre et sur l'onde
> Ma puissance s'étend.

Le drapeau bleu flotte à l'occident, c'est celui de l'Amérique ; un sauvage armé de sa massue , tenant une chevelure :

> Enfant de la nature,
> Je l'outrage souvent.

Au midi flotte le drapeau rouge , c'est celui de l'Afrique ; un lion rugissant : Ah ! l'esclavage étoit-il fait pour moi ?

Sur des gradins couverts de tapis magnifiques siègent les quatre nations , représentées par les plus beaux hommes et les plus belles femmes du globe; chacun a sa couleur et son costume.

Au centre, on a tracé un quarré dont les côtés sont égaux à l'ouverture des arcs de triomphe, d'où partent deux lignes parallèles qui vont perpendiculairement sur les angles du quarré.

Entre ces lignes, les chevaliers marcheront avec leurs étendards seize de front et cent de profondeur; ces colonnes, précédées de leur musique bruyante et guerrière arriveront ensemble au point de réunion pour attendre vos ordres. — Je vous remercie; quand on donne une fête, il faut y être la première pour en faire les honneurs; partons, je ne me montrerai que quand tout le monde sera placé.

Le sourire est sur tous les visages, les soins mutuels et les égards réciproques dilatent les cœurs et animent les phisionomies.

Les colonnes sont en marche, les échos répètent les fanfares, la précision est étonnante; la tête des colonnes paroît dans l'enceinte; le silence qui règne n'est pas celui de la mélancolie; les quatre continens se regardent; c'est le moment de paroître. « — Vive » à jamais notre souveraine. — Quel moment délicieux pour un cœur sensible; — le hérault d'armes va proclamer la liberté : Au nom de la fée souveraine ! Peuples de la terre, vous êtes libres. — Je disparois; quel enthousiasme exalte les esprits ! Quand on voit cela, peut-on dire que les hommes sont sages ? Ils s'enflament pour un objet qu'ils ne peuvent posséder ; les hommes ne peuvent être que dans la chaîne des devoirs, ou dans la chaîne des passions. Déplorons leur aveuglement; ils se croient esclaves sous le joug de la vertu, et libres sous le joug des vices; il faut opter entre la discipline et la licence, la loi et l'anarchie; il n'y a pas de milieu.

On ne peut s'accorder sur le commandement, sur le pas, sur la droite, sur la gauche, sur le poste d'honneur; il y a du mouvement sur les gradins; quel bourdonnement ! comme les figures sont changées !

L'Asie dit : Je suis le berceau du genre humain, on ne peut me contester l'ancienneté, le commandement m'appartient. *Les philosophes rient.*

L'Europe, d'un ton arrogant, allègue sa prééminence : *Les philosophes applaudissent.*

L'Amérique vante sa vaste étendue : *Les philosophes haussent les épaules*, et le fier Africain ne veut céder à aucun : *Les philosophes tremblent*; et tous ensemble crient que la liberté ne connoît point de supérieur, et qu'elle conduit naturellement à une égalité parfaite.

La confusion et le désordre vont croissant: l'Asie pacifique propose la voie du sort ; l'Europe rejette cette mesure avec hauteur; l'Amérique et l'Afrique balancent ; on se menace, le tumulte augmente, et ce beau jour de fête seroit ensanglanté, si je n'allois au secours de ces effrénés ; le soleil est sur son déclin ; on fait silence, on réclame mon intervention. « Mortels, la liberté n'existe pas plus pour vous que l'égalité ; la confusion seroit l'effet de l'égalité, le désordre celui de la liberté. Si vous voulez être heureux, croyez aux distinctions et à la discipline ; l'égalité possible est dans la volonté de faire le bien, de la manière que chacun peut l'opérer, et vous ne serez libres que lorsque vous n'aurez point de volonté désordonnée. — Gracieuse souveraine, nous abjurons notre erreur, ordonnez. = Obéissez à vos chefs, comptez sur mon amour et sur mes sollicitudes.

— « O toi, qui dans ta bonté nous donna une reine sans pareille ! sois le garant de notre fidélité, et verse, sur notre souveraine, les plus douces faveurs. = Mes enfans, c'est aujourd'hui le plus beau jour de ma vie, soyez heureux. Mon ami, ce sont les roses de la souveraineté ; mais voyez le cimeterre suspendu sur ma tête, c'est l'épine des têtes couronnées ; que les évolutions commencent. Cette image de la guerre seroit ravissante si on pouvoit en séparer l'idée des maux qu'elle cause ; les escadrons s'alignent sur quatre faces, l'arène est fermée. Le combat commence entre le nord et l'occident ; l'Amérique est victorieuse, Wasingthon a vaincu Cornwalis ; l'amazone du nord défie le despote de l'Asie ; Saint-Pétersbourg a vaincu Constantinople ; Cornwalis revient sur l'arène, et jette son gand sur la côte de Coromandel; Typo-Saïde le relève, il est vaincu. — Madame, c'est à mon tour, ce chevalier tricolore m'appelle, mon écuyer tient mon coursier, ma cotte d'armes et ma lance. — Allez où la gloire vous appelle. . . . . . . Un noir pressentiment dont je ne puis me défendre, présage à mon cœur la perte de son idole ; son rival est menaçant, sa lance vomit du feu, c'est un assassinat : il tombe.... C'en est fait. . . . . . En voulant ramener les sujets à la raison, je me suis couverte d'un deuil éternel.

EPITAPHE

De mon bien-aimé.

Cy gît le bon Lizon, moins loyal j'eus vaincu,
Mais ma tête en tombant, l'auréole a reçu.

A Risap, sept ans moins vingt-un jours avant l'an 1800.

CONCLUSION.

Quel siècle va finir ? on le dit éclairé ;
J'attends que le futur l'ait ainsi déclaré.

Socrate osa démasquer les sophistes ; la ciguë fut son partage. Les sophistes, maîtres du champ de bataille, semèrent tant d'erreurs que la barbarie vint, et les Grecs disparurent.

Le siècle d'Auguste est l'époque saillante des Romains, le débordement de leurs légions chez tous les peuples, l'asservissement de toutes les nations, et la conquête de presque toute la terre, connue alors, donnèrent à cette puissance une telle extension, qu'elle se fondit elle-même comme un nuage que le soleil dissout.

Le siècle de Louis XIV est celui des grands hommes en tout genre, il semble qu'ils n'ont laissé à leurs descendans que la tâche pénible de l'imitation. L'orgueil mécontent de ce lot, porte mes contemporains à épuiser leurs forces pour mettre des principes erronés à la place de la vérité.

Mon tems est le tems des plus désastreux calculs en morale et en politique, et le bouleversement des saisons fait croire que le monde physique est menacé d'une prochaine révolution.